Nina Dethloff
Abstammung und Verantwortung

Schriftenreihe der Juristischen Gesellschaft zu Berlin

—

Heft 195

Nina Dethloff

Abstammung und Verantwortung

Elternschaft bei assistierter Reproduktion als
Aufgabe der Rechtspolitik

Aktualisierte Fassung des Vortrages, gehalten am 18. Januar 2017
vor der Juristischen Gesellschaft zu Berlin

DE GRUYTER

Prof. Dr. Nina Dethloff, LL.M.
Geschäftsführende Direktorin des Instituts für Deutsches, Europäisches und Internationales Familienrecht der Rheinischen Friedrich-Wilhelms-Universität Bonn und des Käte Hamburger Kollegs „Recht als Kultur".

Für ihre wertvolle Unterstützung bei der Vorbereitung der aktualisierten Schriftfassung des Vortrages danke ich der Wissenschaftlichen Mitarbeiterin Anja Timmermann.

ISBN 978-3-11-055869-2
e-ISBN (PDF) 978-3-11-056077-0
e-ISBN (EPUB) 978-3-11-055891-3

Library of Congress Cataloging-in-Publication Data
A CIP catalogue record for this book has been applied for at the Library of Congress.

Bibliografische Information der Deutschen Nationalbibliothek
Die Deutsche Nationalbibliothek verzeichnet diese Publikation in der Deutschen National-bibliografie; detaillierte bibliografische Daten sind im Internet über http://dnb.dnb.de abrufbar.

© 2017 Walter de Gruyter GmbH, Berlin/Boston
Druck und Bindung: CPI books GmbH, Leck
♾ Gedruckt auf säurefreiem Papier
Printed in Germany

www.degruyter.com

Inhalt

I. Einleitung

Kinder werden immer häufiger mithilfe von Maßnahmen der assistierten Reproduktion gezeugt. Schätzungen zufolge ist heute bereits jedes siebte Paar ungewollt kinderlos.[1] Angesichts dessen verwirklichen Paare ihren Kinderwunsch zunehmend mittels einer Samenspende, bei der die genetische und die (künftige) soziale Vaterschaft auseinanderfallen. Gleichgeschlechtliche Paare – genauer gesagt Frauenpaare – gründen ebenfalls verbreitet durch heterologe Befruchtung Familien. Vermehrt wird auch weiblicher Unfruchtbarkeit durch Eizellspenden begegnet. Diese sind zwar in Deutschland verboten,[2] in vielen Ländern, auch in unserer unmittelbaren Nähe, aber erlaubt, so etwa in Dänemark, den Niederlanden, Belgien, Spanien und mittlerweile in Österreich.[3] Schließlich können Kinder mithilfe einer Leihmutter geboren werden. Während das deutsche Recht dies ebenfalls verbietet,[4] ist in anderen Ländern eine Leihmutterschaft unter unterschiedlichen Voraussetzungen zulässig – so in zahlreichen Ländern außerhalb Europas, aber etwa auch im Vereinigten Königreich, in Griechenland und seit Kurzem in Portugal.[5] Auf diese Weise können heterosexuelle Paare im Ausland ein

---

1 Vgl. *Sütterlin/Hoßmann* Ungewollt kinderlos, in: Berlin-Institut für Bevölkerung und Entwicklung (Hrsg.) Berlin 2007, 12 f., abrufbar unter http://www.berlin-institut.org/fileadmin/user_upload/Studien/Ungewollt_kinderlos_Webversion.pdf; etwa 200 000 Paare greifen in Deutschland jährlich auf reproduktionsmedizinische Maßnahmen zurück, siehe *Hüsing/Revermann* Fortpflanzungsmedizin: Rahmenbedingungen, wissenschaftlich-technische Fortschritte und Folgen, Berlin 2011, 22.
2 Vgl. § 1 Abs. 1 Nr. 1 und Nr. 2 ESchG.
3 Für Dänemark §§ 12 ff. Act No. 923 vom 4.9.2006; für die Niederlande Art. 5 Embryowet vom 20.6.2002; für Belgien Art. 51 Loi relative à la procréation médicalement assistée et à la destination des embryons surnuméraires et des gamètes 2007; für Spanien Art. 5 Ley 14/2006 vom 26.5. 2006, sobre técnicas de reproducción humana asistida; für Österreich § 3 Abs. 3 Fortpflanzungsmedizingesetz 2015; einen Verstoß des Verbots der Eizellspende gegen Art. 8 EMRK verneinend *EGMR* (Große Kammer) Urt. v. 3.11.2011, Nr. 57813/00, S.H.u.a. gegen Österreich, NJW 2012, 207, wobei der Gerichtshof aber auf das Jahr 1999 als maßgeblichen Beurteilungszeitpunkt abstellte.
4 Vgl. § 1 Abs. 1 Nr. 7 EschG, §§ 13c, 14b AdVermiG, sowie die dazugehörigen Gesetzesbegründungen, BT-Drucks. 11/4154, 6 f. und BT-Drucks. 11/5460, 6, 9.
5 Für das Vereinigte Königreich Sec. 54 Human Fertilisation and Embryology Act 2008; für Griechenland Art. 1458 ff. ZGB sowie Gesetz Nr. 3089/2002 über die medizinisch assistierte Reproduktion und Gesetz Nr. 3305/2005 über die Anwendung der medizinisch assistierten Reproduktion; für Portugal Art. 8 Lei n. 25/2016 vom 22.8.2016, Regula o acesso à gestação de substituição, procedendo à terceira alteração à Lei n. 32/2006, de 26 de julho (procriação medicamente assistida); siehe näher auch *Dethloff* Leihmutterschaft in rechtsvergleichender Perspektive, in: Ditzen/Weller (Hrsg.) Leihmutterschaft – Aktuelle Entwicklungen und interdis-

https://doi.org/10.1515/9783110560770-001

Kind bekommen, das sogar mit beiden Wunschelternteilen genetisch verbunden ist – wenn nicht nur die Samenzelle des Mannes, sondern auch die Eizelle der Wunschmutter verwendet wird. Aber auch ein Männerpaar kann mithilfe einer Leihmutter zu einem zumindest mit einem der beiden Wunschväter genetisch verwandten Kind kommen.

In Anbetracht dieser Möglichkeiten der Familiengründung mittels assistierter Reproduktion stellt sich die Frage, wer die Eltern der so gezeugten Kinder sind. Lange war es selbstverständlich, dass es für die rechtliche Elternschaft maßgeblich auf die genetische Abstammung ankommt. Diese konnte mit den modernen Methoden der DNA-Tests immer besser und kann heute mit nahezu vollständiger Sicherheit bestimmt werden. Was aber ist das maßgebliche Prinzip für die rechtliche Zuordnung eines Kindes, das mithilfe künstlicher Fortpflanzung gezeugt wurde? Dieser Frage soll im Folgenden nachgegangen werden. Zunächst wird der Blick auf die Situation der Samenspende in heterosexuellen und in homosexuellen Partnerschaften gerichtet, sodann die Situation der Eizellspende betrachtet und schließlich die Elternschaft nach Geburt eines Kindes mithilfe einer Leihmutter beleuchtet. Es wird darum gehen, wer die rechtlichen Eltern eines Kindes in diesen unterschiedlichen Konstellationen assistierter Reproduktion sind – und wer sie sein sollten! Denn dass das Auseinanderfallen von biologischer und sozialer Elternschaft hier in verschiedenen Punkten Reformen des Konzepts der rechtlichen Elternschaft erfordert, steht außer Zweifel.[6] Die familienrechtliche Abteilung des Deutschen Juristentages hat im September 2016 über diesen Reformbedarf beraten und hierzu auch eine Reihe von Beschlüssen[7] gefasst.[8] Das

---

ziplinäre Herausforderungen. Tagungsband zum Symposium am Marsilius-Kolleg Heidelberg, im Erscheinen.

6 Grundlegend zu den Begründungsmerkmalen der Elternschaft und den abstammungsrechtlichen Regelungsprinzipien bei medizinisch assistierter Zeugung *Wanitzek* Rechtliche Elternschaft bei medizinisch unterstützter Fortpflanzung, Bielefeld 2002, 200 ff. (insbesondere 201 ff., 223 ff., 279 ff.); zum Spannungsverhältnis zwischen rechtlicher, biologischer und sozialer Elternschaft aus rechtsvergleichender Sicht grundlegend auch schon *Schwenzer* Tensions Between Legal, Biological and Social Conceptions of Parentage (General Report) in: dies. (Hrsg.) Tensions Between Legal, Biological and Social Conceptions of Parentage, Antwerpen/Oxford 2007, 1, 3 ff.

7 Die Beschlüsse sind abgedruckt in: Verhandlungen des 71. Deutschen Juristentages Essen 2016, Band II/2: Sitzungsberichte – Diskussion und Beschlussfassung, München 2017, P 173 ff.

8 Vgl. *Helms* Rechtliche, biologische und soziale Elternschaft – Herausforderungen durch neue Familienformen. Gutachten F zum 71. Deutschen Juristentag, in: Verhandlungen des 71. DJT Essen 2016, Band I: Gutachten, München 2016; siehe dazu auch die Besprechungen von *Dutta* Bunte neue Welt: Gespaltene Elternschaft als Herausforderung für das Kindschaftsrecht des 21. Jahrhunderts, JZ 2016, 845 ff.; *Heiderhoff* Herausforderungen durch neue Familienformen – Zeit für ein Umdenken, NJW 2016, 2629 ff.; *Wellenhofer* Kindschaftsrecht auf dem Prüfstand – Vorschau auf den 71. Deutschen Juristentag 2016 –, FamRZ 2016, 1333 ff.

Bundesministerium der Justiz und für Verbraucherschutz hat in einem Arbeitskreis Abstammungsrecht ebenfalls Reformvorschläge erarbeitet.[9] Schließlich ist das neue Gesetz zur Regelung des Rechts auf Kenntnis der Abstammung bei heterologer Verwendung von Samen[10] zu nennen, das zumindest einzelne der bisher noch unzureichend geregelten Punkte im Bereich der Samenspende aufgegriffen hat.

---

9 Siehe dazu BMJV (Hrsg.) Arbeitskreis Abstammungsrecht – Abschlussbericht. Empfehlungen für eine Reform des Abstammungsrechts, Berlin/Köln 2017.
10 BR-Drucks. 454/17.

II. Elternschaft nach Samenspende

Doch schon seit 2002 enthält das Bürgerliche Gesetzbuch eine wichtige Regelung zur Samenspende. § 1600 Abs. 5 BGB betrifft die rechtliche Elternschaft eines heterosexuellen Paares für ein mittels Samenspende gezeugtes Kind. Zu Beginn sollen daher eben diese Konstellationen der Samenspende in heterosexuellen Partnerschaften näher betrachtet werden:

Mutter eines Kindes ist gemäß § 1591 BGB immer die Frau, die es geboren hat. Bei einer Zeugung mittels Samenspende handelt es sich bei der gebärenden Frau zugleich um die Frau, bei der die künstliche Befruchtung vorgenommen wurde und von der die Eizelle stammt. Die Richtigkeit der Zuordnung des Kindes zu ihr ist daher unzweifelhaft. Es stellt sich aber die Frage, wer der zweite rechtliche Elternteil des mittels Samenspende gezeugten Kindes ist bzw. sein sollte.

1. Vaterschaft

a) Im BGB bereits heute prinzipiell anerkannter Grundsatz

Für die Beantwortung dieser Frage liefert der genannte § 1600 Abs. 5 BGB einen entscheidenden Anhaltspunkt. Die Norm bestimmt, dass weder die Mutter noch der Mann, die in die Fremdbefruchtung eingewilligt haben, die Vaterschaft anfechten können. Dies bedeutet, dass eine einmal etablierte rechtliche Vaterschaft des Wunschvaters durch die Wunscheltern nicht mehr beseitigt werden kann. Die Vorschrift betrifft sowohl den einwilligenden Ehemann der Mutter, der nach § 1592 Nr. 1 BGB automatisch Vater des während der Ehe geborenen Kindes wird, als auch ihren einwilligenden faktischen Partner, der die Vaterschaft nach §§ 1592 Nr. 2, 1594 BGB anerkannt hat. Beide können sich nicht mehr von der Elternschaft lossagen, obwohl sie keine genetische Beziehung zum Kind haben. Für die Zuordnung zum Vater gilt in Fällen der Fremdbefruchtung somit, dass die Entscheidung für die Zeugung des Kindes grundsätzlich an die Stelle der genetischen Abstammung getreten ist.[1]

---

1 Siehe schon *Dethloff* Was will der Staat? Mutterschaft als Regelungsaufgabe, in: Röthel/Heiderhoff (Hrsg.) Regelungsaufgabe Mutterstellung: Was kann, was darf, was will der Staat? Frankfurt a.M. 2016, 19, 21.

https://doi.org/10.1515/9783110560770-002

Die Anknüpfung an den Entschluss zur Zeugung stellt auch international einen weithin akzeptierten Grundsatz dar.[2] Vor allem aber handelt es sich um ein sachgerechtes Prinzip:[3] Denn der Wille oder die Intention zur Elternschaft *bei* Zeugung gewährleistet am ehesten die Bereitschaft zur tatsächlichen Übernahme der Sorge *nach* der Geburt.[4] Die *intentionalen* Eltern sind also regelmäßig gerade diejenigen Personen, die verlässlich und kontinuierlich für das Kind sorgen werden.[5] Genau diesen Personen möglichst frühzeitig zugeordnet zu werden, entspricht den Interessen des Kindes. Zugleich begründet die Veranlassung der Zeugung des Kindes auch eine Verantwortung für dessen Existenz, von der sich die betreffenden Personen nicht lossagen können sollen.[6]

Umgekehrt gilt: Der Samenspender sollte, wie dies auch der nahezu einheitlichen Rechtslage in anderen Ländern entspricht,[7] prinzipiell nicht als rechtlicher Elternteil festgestellt werden können. Denn jedenfalls dann, wenn er den Samen einer Samenbank zur Verfügung gestellt hat, besteht bei ihm weder ein Wille zur Elternschaft noch trifft ihn eine Zeugungsverantwortung, die derjenigen des Wunschvaters vergleichbar ist.

b) Unvollständige Verwirklichung des Grundsatzes und Reformbedarf

Der Gesetzgeber hat diesen Grundsatz, nach dem die Verantwortung für die Existenz des Kindes maßgeblich für die rechtliche Elternschaft ist, zwar – wie

---

2 Grundlegend zur intentionalen Elternschaft *Schwenzer* Grundlinien eines modernen Familienrechts aus rechtsvergleichender Sicht, RabelsZ 71 (2007) 705, 722 f.; *dies.* Plurale Elternschaft. Referat der Abteilung Familienrecht des 71. Deutschen Juristentages, in: Verhandlungen des 71. DJT Essen 2016, Band II/1: Sitzungsberichte – Referate und Beschlüsse, München 2017, P 29.
3 Dazu bereits *Dethloff* Was will der Staat? Mutterschaft als Regelungsaufgabe, in: Röthel/Heiderhoff (Hrsg.) Regelungsaufgabe Mutterstellung: Was kann, was darf, was will der Staat? 2016, 19, 22.
4 Eingehend dazu, dass auch der Wille zur Elternschaft ein Zuordnungskriterium des Abstammungsrechts darstellt, *Wanitzek* Rechtliche Elternschaft bei medizinisch unterstützter Fortpflanzung, 2002, 136 ff., 356 ff.
5 Dafür, dass die „zuverlässige und möglichst kontinuierliche menschliche Fürsorge" primäres Regelungsziel der rechtlichen Vaterschaft sein sollte, auch *Heiderhoff* Was kann, was darf, was will der Staat? Vorüberlegungen, in: Röthel/Heiderhoff (Hrsg.) Regelungsaufgabe Vaterstellung: Was kann, was darf, was will der Staat? Frankfurt a. M. 2014, 9, 17.
6 Zur Verantwortung der Wunscheltern für die Entstehung des Kindes jüngst auch *Sanders* Was ist eine Familie? – Der EGMR und die Mehrelternschaft, NJW 2017, 925, 926.
7 Rechtsvergleichend zur Stellung des Samenspenders siehe *Helms* Die künstliche Befruchtung aus familienrechtlicher Sicht: Probleme und Perspektiven, in: Röthel/Löhnig/Helms (Hrsg.) Ehe, Familie, Abstammung – Blicke in die Zukunft, Frankfurt a.M. 2010, 49, 59 ff.

dargelegt – *prinzipiell* anerkannt. Er ist aber im geltenden Recht noch nicht vollständig verwirklicht.[8]

Dies gilt vor allem dann, wenn die Mutter nicht verheiratet ist. Denn der faktische Partner der Mutter wird – anders als ihr Ehemann – nicht automatisch rechtlicher Vater des Kindes. Vielmehr muss er die Vaterschaft erst anerkennen. Kommt es nun nicht zur Anerkennung, so besteht keine Möglichkeit, ihm das Kind rechtlich zuzuordnen. Der faktische Partner der Mutter kann sich folglich trotz Einwilligung in die Fremdbefruchtung der Verantwortung entziehen.

Insofern besteht dringender Reformbedarf: Schon die Möglichkeit zur prä-konzeptionellen Vaterschaftsanerkennung, d. h. einer Anerkennung bereits vor der Zeugung, würde in vielen Fällen Abhilfe schaffen. Deren Zulässigkeit ist nach geltendem Recht auch für Fälle der heterologen Befruchtung umstritten.[9] Würde der Gesetzgeber sie ausdrücklich gestatten, so wäre in der Regel schon frühzeitig sichergestellt, dass der einwilligende Wunschvater bereits mit Geburt in die rechtliche Elternstellung einrückt. Da der Wille zur Elternschaft jedenfalls zum Zeitpunkt der Einwilligung in die Fremdbefruchtung unzweifelhaft besteht, wäre es von Vorteil, wenn die Anerkennung bereits zeitgleich mit der Einwilligung er-klärt werden könnte.[10] Für die Fälle, in denen es dennoch nicht zur Anerkennung

---

8 Zu den hier bestehenden Defiziten bereits *Dethloff* Biologische, soziale und rechtliche Eltern-schaft – Herausforderungen durch neue Familienformen und Reproduktionsmedizin, in: Grziwotz (Hrsg.) Notarielle Gestaltung bei geänderten Familienstrukturen – demographischer Wandel, faktische Lebensgemeinschaften und Patchworkfamilien, Würzburg 2012, 7, 21 ff.; *Schumann* Familienrechtliche Fragen der Fortpflanzungsmedizin im Lichte des Grundgesetzes, in: Rosenau (Hrsg.) Ein zeitgemäßes Fortpflanzungsmedizingesetz für Deutschland, Baden-Baden 2012, 155, 165.

9 Dagegen *Gernhuber/Coester-Waltjen* Familienrecht, 6. Aufl., München 2010, § 53 II 7; *Muscheler* Vaterschaft durch Anerkennung und Feststellung, FPR 2005, 177 f.; Staudinger/*Rauscher* Bear-beitung 2011, BGB § 1594 Rn. 50; *Wanitzek* Rechtliche Elternschaft bei medizinisch unterstützter Fortpflanzung, 2002, 333; dafür *Dethloff* Familienrecht, 31. Aufl., München 2015, § 10 Rn. 82; *Roth* Der Ausschluss der Vaterschaftsanfechtung nach Einwilligung in die heterologe Insemination, DNotZ 2003, 805, 808; *Spickhoff* Vaterschaft und konsentierte Fremdinsemination, AcP 197 (1997) 398, 425 ff.; *Taupitz/Schlüter* Heterologe künstliche Befruchtung – Die Absicherung des Samen-spenders gegen unterhalts- und erbrechtliche Ansprüche des Kindes, AcP 205 (2005) 591, 595.

10 Diese Möglichkeit für unverheiratete Eltern befürwortend auch MünchKomm/*Wellenhofer* 7. Aufl., München 2017, BGB § 1594 Rn. 43; de lege ferenda für eine statusbegründende Wirkung der Einwilligung selbst *Brudermüller* Stiefkindunterhalt – Einwilligung in die künstliche Be-fruchtung – Abstammungsklärungsverfahren. Referat der Abteilung Familienrecht des 71. Deut-schen Juristentages, in: Verhandlungen des 71. DJT Essen 2016, Band II/1: Sitzungsberichte – Referate und Beschlüsse, 2017, P 51.

käme, wäre zur Durchsetzung des Prinzips der Zeugungsverantwortung vorzuse-
hen, dass der einwilligende Mann gerichtlich als Vater festgestellt werden kann.[11]

Unvollkommen verwirklicht ist das genannte Prinzip der Zeugungsverantwortung in Fällen assistierter Reproduktion im geltenden Recht zudem deshalb,
weil das Vaterschaftsanfechtungsrecht des mittels Samenspende gezeugten Kindes nicht ausgeschlossen ist.[12] Das volljährige Kind kann nämlich die Elternschaft
seines mit ihm genetisch nicht verbundenen rechtlichen Vaters erfolgreich durch
Anfechtung beseitigen und unter bestimmten Voraussetzungen anschließend
sogar den Samenspender gerichtlich als Vater feststellen lassen. Grund für die
Gewährung einer solchen Anfechtungsmöglichkeit ist sein Recht auf Kenntnis der
eigenen Abstammung.[13]

Sowohl der Umstand, dass die rechtliche Elternstellung des einwilligenden
Wunschvaters wieder beseitigt werden kann, als auch die Möglichkeit der ge-
richtlichen Vaterschaftsfeststellung des Spenders widersprechen aber dem
Grundsatz der Zeugungsverantwortung. Daher sollte zum einen die Anfechtung
der Vaterschaft des Wunschvaters durch das Kind und zum anderen die gerichtliche Feststellung des Spenders, der seinen Samen einer Samenbank zur Verfügung gestellt hat, ausgeschlossen sein. Letzteres sieht jetzt auch der durch das
erwähnte Gesetz geänderte § 1600d Abs. 4 BGB vor.[14]

Dem Recht des Kindes auf Kenntnis seiner Abstammung, dem als Ausfluss
des allgemeinen Persönlichkeitsrechts verfassungsrechtlicher Schutz zukommt,[15]
kann auch auf andere Weise Rechnung getragen werden. Von grundlegender
Bedeutung hierfür ist die Schaffung eines zentralen Spenderregisters, das nun
auch Gegenstand des genannten Gesetzes ist.[16] Würde zudem ein gerichtliches

---

11 Dafür auch *Helms* Rechtliche, biologische und soziale Elternschaft – Herausforderungen
durch neue Familienformen. Gutachten F zum 71. Deutschen Juristentag, in: Verhandlungen des
71. DJT Essen 2016, Band I: Gutachten, 2016, F 18 f.
12 Für einen Ausschluss des Anfechtungsrechts des Kindes bereits *Helms* Die künstliche Befruchtung aus familienrechtlicher Sicht: Probleme und Perspektiven, in: Röthel/Löhnig/Helms
(Hrsg.) Ehe, Familie, Abstammung – Blicke in die Zukunft, 2010, 49, 62 f.; *Roth* Der Ausschluss der
Vaterschaftsanfechtung nach Einwilligung in die heterologe Insemination, DNotZ 2003, 805,
816 f.; *Wehrstedt* Anfechtungsrechte im Falle heterologer Insemination, DNotZ 2005, 649, 652 ff.;
Wellenhofer Die Samenspende und ihre (späten) Rechtsfolgen, FamRZ 2013, 825, 829.
13 Siehe *Kirchmeier* Zivilrechtliche Fragen der homologen und heterologen Insemination de lege
lata et ferenda, FamRZ 1998, 1281, 1284; BT-Drucks. 13/4899, 55 ff.
14 Vgl. BR-Drucks. 454/17, 8.
15 Zur erstmaligen Anerkennung dieses Grundrechts BVerfGE 79, 256, 268 f.
16 BR-Drucks. 454/17, 1 ff.; die Einrichtung eines zentralen Spenderregisters fordernd bereits
Thorn Familienbildung mit Spendersamen: Forschungsstand, klinische Erfahrungen und juris-
tische Erfordernisse aus psychosozialer Perspektive, in: Coester-Waltjen/Lipp/Schumann/Veit
(Hrsg.) „Kinderwunschmedizin" – Reformbedarf im Abstammungsrecht? Göttingen 2015, 131,

Verfahren eingeführt, das dem Kind unter bestimmten Voraussetzungen die Möglichkeit eröffnet, seine leibliche Abstammung von einer anderen Person isoliert, also ohne Auswirkungen auf die rechtliche Elternschaft, klären zu lassen, wäre das Recht auf Kenntnis der Abstammung hinreichend gewährleistet.[17]

2. Mutterschaft der Partnerin

a) Stiefkindadoption und ihre Defizite

Besonders defizitär ist die Verwirklichung des Grundsatzes der Verantwortung für die Existenz des Kindes bei gleichgeschlechtlichen Paaren, die mittels einer Samenspende Eltern werden.[18] Die lesbische Partnerin der Geburtsmutter, die sich gemeinsam mit ihr für die Fremdbefruchtung entschieden hat, trifft zwar ebenso eine Zeugungsverantwortung wie den einwilligenden männlichen Partner der Mutter in verschiedengeschlechtlichen Partnerschaften. Anders als der Ehemann der Mutter rückt ihre eingetragene Lebenspartnerin bzw. Ehefrau aber nicht automatisch kraft Gesetzes in eine rechtliche Elternstellung ein. Der faktischen Partnerin der Mutter ist im Gegensatz zu deren männlichem Partner eine Anerkennung der Elternschaft verwehrt. Vielmehr kann die Partnerin der Mutter nach geltendem Recht allenfalls im Wege der Stiefkindadoption gemäß § 9 Abs. 7 LPartG bzw. § 1741 Abs. 2 S. 3 BGB rechtlicher Elternteil werden. Doch ist dieser Weg sachgerecht? Sollte nicht auch für gleichgeschlechtliche Paare das Prinzip der intentionalen Elternschaft gelten? Oder bestehen hier Besonderheiten, die Einschränkungen dieses Grundsatzes erfordern?

Um diese Fragen zu beantworten, ist das Adoptionsverfahren in solchen Fällen zu betrachten: In dessen Rahmen werden die Adoptionsvoraussetzungen

---

140 f.; *Zypries/Zeeb* Samenspende und das Recht auf Kenntnis der eigenen Abstammung – Kinder, Spender und Väter brauchen bessere Gesetze, ZRP 2014, 54, 57.

17 Ein Anspruch auf rechtsfolgenlose Klärung der genetischen Abstammung besteht nach § 1598a BGB bereits gegenüber dem rechtlichen Vater; die Bereitstellung eines Verfahrens zur Abstammungsklärung auch gegenüber einem mutmaßlich leiblichen Vater wäre dem Gesetzgeber verfassungsrechtlich möglich, *BVerfG* FamRZ 2016, 877, 884; ausführlich *Brudermüller* Stiefkindunterhalt – Einwilligung in die künstliche Befruchtung – Abstammungsklärungsverfahren. Referat der Abteilung Familienrecht des 71. Deutschen Juristentages, in: Verhandlungen des 71. DJT Essen 2016, Band II/1: Sitzungsberichte – Referate und Beschlüsse, 2017, P 57 ff.

18 Zu dieser Konstellation auch *Dethloff/Timmermann* Multiple Elternschaft – Familienrecht und Familienleben im Spannungsverhältnis, in: Bergold/Buschner/Mayer-Lewis/Mühling (Hrsg.) Familien mit multipler Elternschaft – Entstehungszusammenhänge, Herausforderungen und Potentiale, im Erscheinen.

des § 1741 Abs. 1 S. 1 BGB geprüft, nämlich ob die Annahme dem Wohl des Kindes dient und ob das Entstehen eines Eltern-Kind-Verhältnisses zu erwarten ist. Diese Prüfung ist bei einem Wunschkind, für dessen Zeugung mittels einer Samenspende sich die Partnerinnen gemeinsam entschieden haben, überflüssig:[19] An der Existenz eines Eltern-Kind-Verhältnisses wird man nicht zweifeln können, wenn das Kind von Geburt an unter der Obhut der beiden Partnerinnen aufwächst. Aber auch von der Kindeswohldienlichkeit ist auszugehen: Durch eine Stiefkindadoption verliert das Kind für gewöhnlich die rechtliche Verwandtschaft zu einem leiblichen Elternteil und damit zugleich Unterhalts- und Erbrechte. Ein mittels Samenspende gezeugtes und in eine lesbische Partnerschaft hineingeborenes Kind hat hingegen zunächst nur einen rechtlichen Elternteil, nämlich die Mutter. Die Stiefkindadoption durch die Partnerin der Mutter bewirkt also keinen Rechtsverlust für das Kind, sondern einen Zugewinn an Rechten. Da das Kind ohnehin weiter in der Partnerschaft der beiden Frauen aufwachsen wird, bedeutet es stets eine Verbesserung seiner Situation, wenn die Beziehung zu seiner sozialen Mutter auch rechtlich abgesichert wird.

An der Kindeswohldienlichkeit und am Entstehen einer Eltern-Kind-Beziehung bestehen also keine Zweifel. Dann ist aber auch die grundsätzlich vom Gesetz vorgesehene Einhaltung einer Pflegezeit von regelmäßig einem Jahr unnötig.[20] Denn sie hat gerade den Zweck, die Prognose hinsichtlich der – hier unproblematisch vorliegenden – Adoptionsvoraussetzungen zu erleichtern.

Ein Adoptionsverfahren ist aber nicht nur entbehrlich, sondern sogar nachteilig für das Kind. Denn bis zum Ausspruch der Adoption – und bis dahin kann einige Zeit vergehen – fehlt es an jeglicher rechtlicher Absicherung der faktischen Beziehung zwischen dem Kind und der Partnerin der Mutter.[21] Der Partnerin steht beispielsweise kein volles Sorgerecht zu; im Fall einer etwaigen Trennung der

---

19 Dazu ausführlich auch *Dethloff/Timmermann* Gleichgeschlechtliche Paare und Familiengründung durch Reproduktionsmedizin. Gutachten für die Friedrich-Ebert-Stiftung, Berlin 2016, 28 ff.
20 Ebenso *AG Elmshorn* NJW 2011, 1085; vgl. auch *DIJuF-Rechtsgutachten* JAmt 2012, 576, 578 sowie Behrentin/*Siegfried* Handbuch Adoptionsrecht, München 2017, B Rn. 889; zu einer Ausnahme von der Pflegezeit tendierend, wenn das Kind von Geburt an in der Partnerschaft aufgewachsen ist, nun auch MünchKomm/*Maurer* 7. Aufl., 2017, BGB § 1744 Rn. 30; a.A. ohne nähere Begründung *Wilke* Die Adoption minderjähriger Kinder durch den Stiefelternteil, Tübingen 2014, 153; in der Praxis scheint sich allgemein in Fällen von Spenderkindern ein vollständiger Verzicht auf die Adoptionspflegezeit durchzusetzen, es besteht hier aber weiterhin Rechtsunsicherheit.
21 Zu den Nachteilen der fehlenden rechtlichen Absicherung schon *Dethloff* Familiengründung gleichgeschlechtlicher Paare in Europa, in: Ackermann/Köndgen (Hrsg.) Festschrift für Wulf-Henning Roth zum 70. Geburtstag, München 2015, 51, 61; siehe auch *Grziwotz* Kinderwunscherfüllung durch Fortpflanzungsmedizin und Adoption, NZFam 2014, 1065, 1070.

beiden Frauen wäre daher eine am Kindeswohl ausgerichtete Sorgerechtsentscheidung ausgeschlossen. Falls die Mutter verstirbt, wäre das Kind elternlos. Doch auch schon während des Bestehens der Partnerschaft ist das Fehlen einer rechtlichen Beziehung zwischen Partnerin und Kind mit Nachteilen verbunden. Denn gerade die rechtliche Gleichstellung beider Elternteile stärkt das gemeinsame Verantwortungsgefühl der Eltern und das Zugehörigkeitsgefühl des Kindes.[22] Zudem steht die Möglichkeit der Stiefkindadoption – und dies ist besonders gravierend – nur der eingetragenen Lebenspartnerin bzw. Ehefrau der Mutter offen, nicht hingegen ihrer faktischen Partnerin.

Dass eine Begründung der rechtlichen Elternstellung der Partnerin nur durch eine Adoption erfolgen kann, gilt auch bei der sog. reziproken In-vitro-Fertilisation, einer Form gemeinsamer biologischer Mutterschaft, bei der die eine Partnerin ein Kind austrägt, das aus der mit Spendersamen befruchteten Eizelle der anderen Partnerin entstanden ist.[23] Obwohl die Partnerin hier die genetische Mutter des Kindes ist, kann sie nicht bereits mit der Geburt die Elternstellung erlangen. Dies kann vielmehr auch in diesem Fall längere Zeit dauern, letztlich scheitern oder sogar von vornherein ausgeschlossen sein, weil keine Statusbeziehung besteht.

b) Einführung einer rechtlichen Co-Mutterschaft

Bedenkt man all diese dem Kindeswohl abträglichen, mit dem Weg der Stiefkindadoption verbundenen Unsicherheiten, wird Eines deutlich: Es bedarf einer anderen Möglichkeit, die rechtliche Elternstellung der Partnerin der Mutter zu begründen. Naheliegend erscheint eine *unmittelbare* rechtliche Zuordnung des Kindes zu beiden Partnerinnen. Eine solche entspräche nicht nur regelmäßig deren Willen zur gemeinsamen Übernahme der Elternverantwortung. Sie würde auch den Interessen des Kindes dienen, das von Geburt an eine rechtlich gesicherte Beziehung zum künftigen sozialen – und im Fall der reziproken In-vitro-Fertilisation auch genetischen – Elternteil erhielte. Der Gedanke der Verantwortung für die Entstehung des Kindes sollte daher auch bei gleichgeschlechtlichen Wunscheltern das grundlegende Prinzip für die rechtliche Elternschaft sein.

Regelungen, die sich an diesem Gedanken orientieren, sind mittlerweile in einer großen Zahl anderer Länder erlassen worden – so zum Beispiel im Verei-

---

22 Vgl. BVerfGE 133, 59, 91.
23 Dazu ausführlich *Dethloff* Reziproke In-vitro-Fertilisation – Eine neue Form gemeinsamer Mutterschaft, in: Hilbig-Lugani/Jakob/Mäsch/Reuß/Schmid (Hrsg.) Zwischenbilanz – Festschrift für Dagmar Coester-Waltjen zum 70. Geburtstag, Bielefeld 2015, 41 ff.

nigten Königreich und in den Niederlanden.[24] Sie räumen der Partnerin der Mutter unter bestimmten Voraussetzungen bereits mit der Geburt die Stellung einer Co-Mutter und damit eine unmittelbare rechtliche Elternschaft ein.[25]

Auch im deutschen Recht sollte die Begründung einer rechtlichen Co-Mutterschaft der Partnerin ermöglicht werden.[26] Bei Kindern, die während des Bestehens einer Statusbeziehung geboren werden, könnte die Mutterschaft der Lebenspartnerin bzw. Ehefrau vermutet werden.[27] So sehen es zahlreiche andere Rechtsordnungen vor und dies entspricht auch der deutschen Regelung bei Bestehen einer verschiedengeschlechtlichen Ehe. Der faktischen Partnerin müsste es aber ebenfalls möglich sein, die Co-Mutterstellung zu erlangen. Dies könnte – wie bei heterosexuellen Paaren – durch die Anerkennung der Elternschaft geschehen. Hinsichtlich des Zeitpunkts der Anerkennung gilt das bereits für heterosexuelle Paare Gesagte: Die Anerkennung der Elternschaft sollte schon vor der Zeugung zulässig sein und möglichst zeitgleich mit der Einwilligung in die Fremdbefruchtung erfolgen, um beide Partnerinnen frühzeitig an ihre anfängliche Entscheidung zu binden.[28]

Eine Anfechtung der Co-Mutterschaft der in die Fremdbefruchtung einwilligenden Frau sollte – wie es nach § 1600 Abs. 5 BGB für verschiedengeschlecht-

---

24 Für einen rechtsvergleichenden Überblick siehe *Dethloff* Reziproke In-vitro-Fertilisation – Eine neue Form gemeinsamer Mutterschaft, in: Hilbig-Lugani/Jakob/Mäsch/Reuß/Schmid (Hrsg.) Zwischenbilanz – Festschrift für Dagmar Coester-Waltjen zum 70. Geburtstag, 2015, 41, 49 f.

25 Im Vereinigten Königreich besteht im Fall einer Statusbeziehung eine widerlegbare Vermutung für die Mutterschaft der Partnerin, vgl. Sec. 42 Human Fertilisation and Embryology Act 2008; siehe auch *Scherpe* Elternschaft im Vereinigten Königreich nach dem Human Fertilisation and Embryology Act 2008, FamRZ 2010, 1513, 1514 f.; in den Niederlanden hängt eine automatische Zuordnung zusätzlich davon ab, dass die Befruchtung in einer näher bestimmten klinischen Einrichtung erfolgt ist und der Geburtsmutter die Identität des Samenspenders unbekannt ist, Art. 1:198(1) lit. b Burgerlijk Wetboek; fehlt es an einer Statusbeziehung, kann die Partnerin die Mutterschaft anerkennen, vgl. Art. 1:198(1) lit. c iVm Art. 1:203 ff. Burgerlijk Wetboek; ausführlich zur Rechtslage in den Niederlanden *Reuß* Neue Wege zur Mutterschaft – Die neue Duo-Mutterschaft nach niederländischem Recht, StAZ 2015, 139 ff.

26 Zu Möglichkeiten der Ausgestaltung einer Co-Mutterschaft im deutschen Recht bereits *Dethloff* Was will der Staat? Mutterschaft als Regelungsaufgabe, in: Röthel/Heiderhoff (Hrsg.) Regelungsaufgabe Mutterstellung: Was kann, was darf, was will der Staat? 2016, 19, 25 f.; *Helms* Rechtliche, biologische und soziale Elternschaft – Herausforderungen durch neue Familienformen. Gutachten F zum 71. Deutschen Juristentag, in: Verhandlungen des 71. DJT Essen 2016, Band I: Gutachten, 2016, F 35 ff.

27 Dafür auch schon *Heiderhoff* Anmerkung zu BGH, Urt. v. 15.5.2013 – XII ZR 49/11, FamRZ 2013, 1212, 1214; *Remus/Liebscher* Wohnst du noch bei oder sorgst du schon mit? – Das Recht des Samenspenders zur Anfechtung der Vaterschaft, NJW 2013, 2558, 2561.

28 Siehe dazu oben unter II. 1. b).

liche Paare gilt – sowohl der Mutter als auch der Partnerin verwehrt sein. Zudem müsste auch hier eine gerichtliche Feststellung der Elternschaft der einwilligenden Partnerin ermöglicht werden. Denn es gilt zu verhindern, dass sie sich ihrer durch die Entscheidung für die Zeugung begründeten Verantwortung entziehen kann.

c) Besonderheiten bei privater Spende

Überträgt man, wie soeben dargestellt, die für die rechtliche Vaterschaft geltenden Regelungen auf die Partnerin der Mutter, so darf jedoch nicht unberücksichtigt bleiben, dass sich die Situation der Samenspende in gleichgeschlechtlichen Partnerschaften vielfach von derjenigen in verschiedengeschlechtlichen Partnerschaften unterscheidet: Lesbische Paare machen verbreitet von einer privaten Samenspende Gebrauch, d.h. einer Spende, die zum Beispiel von einem Bekannten oder einem über das Internet kontaktierten Mann stammt. Eine solche private Spende kann der Spende an eine Samenbank nicht in jedem Fall gleichgestellt werden:

Es ist zu beachten, dass ein Spender als biologischer Vater stets ein grundrechtlich geschütztes Interesse hat, auch die rechtliche Vaterstellung zu erlangen;[29] grundsätzlich kann er darauf aber verzichten. Hat der Spender seinen Samen einer Samenbank zur Verfügung gestellt, so ist nach der Rechtsprechung des BGH regelmäßig von einem solchen Verzicht auszugehen.[30] Unter welchen Voraussetzungen auch bei einer privaten Spende ein Verzicht möglich ist, ist derzeit allerdings noch ungeklärt.

Fest steht, dass einem Spender, der nicht auf die Erlangung der rechtlichen Elternstellung verzichtet hat, die tatsächliche Wahrnehmung seines grundrechtlich geschützten Interesses möglich sein muss: Gegenwärtig wird dies dadurch gewährleistet, dass das Gericht den Spender vom Adoptionsverfahren benachrichtigt; macht er daraufhin die Möglichkeit seiner leiblichen Vaterschaft glaubhaft, bedarf die Annahme des Kindes durch die Partnerin der Mutter seiner Zustimmung (§ 1747 Abs. 1 S. 2 BGB).[31] Auch bei Einführung einer rechtlichen Co-Mutterschaft wäre den Rechten des nicht verzichtenden Spenders Rechnung zu tragen: Dies könnte dadurch geschehen, dass entweder eine Co-Mutterstellung der Partnerin von vornherein nur für solche Fälle ermöglicht wird, in denen ein

---

29 BVerfGE 108, 82, 104 f.
30 *BGH* NJW 2013, 2589, 2591; 2015, 1820, 1821.
31 *BGH* NJW 2015, 1820, 1821 f.

Verzicht des Spenders vorliegt,[32] oder indem der Spender dann, wenn er nicht verzichtet hat, jedenfalls im Nachhinein die Co-Mutterstellung der Partnerin anfechten kann.[33] Liegt ein Verzicht vor, sollte – über den neuen § 1600d Abs. 4 BGB hinausgehend – auch die gerichtliche Feststellung des *privaten* Spenders als rechtlicher Vater ausgeschlossen sein.[34]

Wird für die Zuweisung der rechtlichen Elternschaft – entsprechend den hier unterbreiteten Vorschlägen – maßgeblich auf den Verzicht des Spenders abgestellt, bedarf es einer ausdrücklichen Regelung dazu, wann von einem solchen bei einer privaten Spende auszugehen ist. Um Rechtssicherheit für alle Beteiligten zu gewährleisten, sollte hierfür die Einhaltung einer gewissen Form erforderlich sein.[35]

3. Präkonzeptionelle Erklärungen zur Elternschaft

Insgesamt wird mit der vorgestellten Konzeption eine möglichst frühzeitige Absicherung der rechtlichen Elternstellung der intentionalen Eltern angestrebt. Dies erfordert eine Reihe von Erklärungen: Ausgangspunkt ist die einen Anfechtungsausschluss begründende Einwilligung der Mutter und ihres Partners bzw. ihrer Partnerin in die Fremdbefruchtung. Am besten zeitgleich mit der Einwilligung könnten die präkonzeptionelle Anerkennung der Elternschaft durch den einwilligenden Partner oder die einwilligende Partnerin der Mutter sowie die stets erforderliche Zustimmung der Mutter zu dieser Anerkennung erklärt werden.[36] Handelt es sich um eine private Spende, kommt zudem der Erklärung eines

---

32 So *Dutta* Bunte neue Welt: Gespaltene Elternschaft als Herausforderung für das Kindschaftsrecht des 21. Jahrhunderts, JZ 2016, 845, 850.

33 Für einen Anfechtungsausschluss nur bei wirksamem Verzicht auch *Dethloff/Timmermann* Gleichgeschlechtliche Paare und Familiengründung durch Reproduktionsmedizin. Gutachten für die Friedrich-Ebert-Stiftung, 2016, 36.

34 Ausdrücklich anders BT-Drucks. 18/11291, 35.

35 Näher *Dethloff/Timmermann* Gleichgeschlechtliche Paare und Familiengründung durch Reproduktionsmedizin. Gutachten für die Friedrich-Ebert-Stiftung, 2016, 35; für eine öffentliche Beurkundung beim Jugendamt oder Notar statt bloßer Schriftform *Helms* Rechtliche, biologische und soziale Elternschaft – Herausforderungen durch neue Familienformen. Gutachten F zum 71. Deutschen Juristentag, in: Verhandlungen des 71. DJT Essen 2016, Band I: Gutachten, 2016, F 26.

36 Siehe oben unter II. 1. b) zur Anerkennung durch den Partner sowie unter II. 2. b) zur Anerkennung durch die Partnerin.

ausdrücklichen Verzichts des Spenders auf die rechtliche Elternstellung zentrale Bedeutung zu.[37]

All diese Erklärungen könnten verbunden werden in einer vor der Zeugung zu treffenden Elternschaftsvereinbarung.[38] Hierfür sollte ein Formerfordernis vorgesehen werden. Denn dies würde gewährleisten, dass sich die Beteiligten über die Tragweite ihrer Erklärungen im Klaren sind, wie sie einerseits in der Übernahme der rechtlichen Elternstellung und andererseits im Verzicht auf dieselbe liegt. In Betracht kommt die Beurkundung einer Elternschaftsvereinbarung durch das Jugendamt.[39] Alternativ sollte eine solche Vereinbarung aber auch vor dem Notar getroffen werden können. Eine umfassende Information und rechtliche Beratung aller Beteiligten wäre auch hier sichergestellt.[40]

---

37 Siehe oben unter II. 2. c).

38 So bereits *Dethloff/Timmermann* Gleichgeschlechtliche Paare und Familiengründung durch Reproduktionsmedizin. Gutachten für die Friedrich-Ebert-Stiftung, 2016, 36.

39 Dafür ein Antrag der Fraktion BÜNDNIS 90/DIE GRÜNEN, der bereits auch eine Elternschaftsvereinbarung vorschlägt, BT-Drucks. 18/7655, 2, 5.

40 Siehe schon *Dethloff* Stellungnahme zur öffentlichen Anhörung des Rechtsausschusses des Deutschen Bundestages am 19.10.2016 zum Antrag der Bundestagsfraktion BÜNDNIS 90/DIE GRÜNEN „Elternschaftsvereinbarung bei Samenspende und das Recht auf Kenntnis eigener Abstammung" (BT-Drucks. 18/7655) 8.

III. Mutterschaft bei Eizellspende

Nachdem die Leitlinien für die rechtliche Elternschaft bei assistierter Fortpflanzung ausführlich für den Fall der Samenspende dargelegt worden sind, soll nun noch betrachtet werden, ob und inwieweit sie auch für Konstellationen der gespaltenen Mutterschaft gelten sollten.

Mutter ist gemäß § 1591 BGB immer die Frau, die das Kind geboren hat. Für Fälle der Eizellspende besteht grundsätzlich kein Bedarf, diese Zuordnung des Kindes zur Gebärenden zu korrigieren.[1] Die Gebärende ist die Wunschmutter des mittels Eizellspende gezeugten Kindes: Ohne ihre Entscheidung für das Austragen des genetisch fremden Kindes wäre dieses erst gar nicht gezeugt worden; sie will die Elternschaft für das Kind übernehmen. Bei der Eizellspenderin hingegen besteht weder eine vergleichbare Zeugungsverantwortung noch ein Wille zur Elternschaft; sie hat vielmehr auf ihr Elternrecht verzichtet.

---

1 Dazu *Dethloff* Was will der Staat? Mutterschaft als Regelungsaufgabe, in: Röthel/Heiderhoff (Hrsg.) Regelungsaufgabe Mutterstellung: Was kann, was darf, was will der Staat? 2016, 19, 29; MünchKomm/*Wellenhofer* 7. Aufl., 2017, BGB § 1591 Rn. 16; zu besonderen Situationen, die eine Korrekturmöglichkeit erfordern, *Coester-Waltjen* Reformüberlegungen unter besonderer Berücksichtigung familienrechtlicher und personenstandsrechtlicher Fragen, Reproduktionsmedizin 2002, 183, 194.

https://doi.org/10.1515/9783110560770-003

IV. Leihmutterschaft

Um eine ganz andere Situation handelt es sich, wenn ein Kind von einer Leih-mutter geboren wird. Wegen des in Deutschland bestehenden Verbots suchen Paare nicht selten eine Leihmutter im Ausland, die das Kind dann in ihrem Hei-matstaat zur Welt bringt.[1] Die Frage nach der rechtlichen Elternschaft stellt sich hier in der Praxis bereits dann, wenn die Wunscheltern das Kind nach seiner Geburt mit nach Deutschland nehmen möchten und dafür Reisedokumente be-nötigen.

1. Rechtslage

Wer die rechtlichen Eltern des Kindes sind, ist aber in grenzüberschreitenden Leihmutterschaftsfällen oftmals nicht einfach festzustellen.[2] Es ist zwischen der Rechtslage aus der Sicht des (ausländischen) Rechts des Geburtsorts einerseits und der Rechtslage nach deutschem Recht andererseits zu differenzieren:

Rechtsordnungen, die die Leihmutterschaft zulassen – außerhalb Europas ist dies beispielsweise in zahlreichen US-Bundesstaaten, in Südafrika, Russland und der Ukraine der Fall[3] –, ordnen die rechtliche Elternschaft konsequenterweise den Wunscheltern zu, sofern die Voraussetzungen eingehalten wurden, die das je-weilige ausländische Recht für die Zulässigkeit der Leihmutterschaft vorsieht.[4]

---

1 Zur Konstellation der Inanspruchnahme einer Leihmutter durch ein gleichgeschlechtliches Paar schon *Dethloff/Timmermann* Gleichgeschlechtliche Paare und Familiengründung durch Reproduktionsmedizin. Gutachten für die Friedrich-Ebert-Stiftung, 2016, 41 ff., sowie allgemein *Dethloff/Timmermann* Multiple Elternschaft – Familienrecht und Familienleben im Spannungs-verhältnis, in: Bergold/Buschner/Mayer-Lewis/Mühling (Hrsg.) Familien mit multipler Eltern-schaft – Entstehungszusammenhänge, Herausforderungen und Potentiale, im Erscheinen.
2 Eingehend zu dieser Problematik siehe nur *Benicke* Kollisionsrechtliche Fragen der Leihmut-terschaft, StAZ 2013, 101 ff.; *Duden* Ausländische Leihmutterschaft: Elternschaft durch verfah-rensrechtliche Anerkennung, StAZ 2014, 164 ff.; *ders.* Leihmutterschaft im Internationalen Privat-und Verfahrensrecht, Tübingen 2015; *Mayer* Sachwidrige Differenzierungen in internationalen Leihmutterschaftsfällen, IPRax 2014, 57 ff.; *dies.* Ordre public und Anerkennung der rechtlichen Elternschaft in internationalen Leihmutterschaftsfällen, RabelsZ 78 (2014) 551 ff.; *Thomale* Miet-mutterschaft – Eine international-privatrechtliche Kritik, Tübingen 2015.
3 Zu den europäischen Rechtsordnungen, die die Leihmutterschaft zulassen, siehe bereits oben unter I.
4 Für einen rechtsvergleichenden Überblick zur Leihmutterschaft siehe *Dethloff* Leihmütter, Wunscheltern und ihre Kinder, JZ 2014, 922, 923 ff.; *Helms* Leihmutterschaft – ein rechtsverglei-chender Überblick, StAZ 2013, 114, 115 ff.; siehe im Einzelnen die Länderberichte bei Trimmings/

https://doi.org/10.1515/9783110560770-004

Eine rechtliche Eltern-Kind-Beziehung zwischen der Leihmutter und dem Kind besteht hingegen nicht. Aus Sicht des *deutschen* Rechts ist nun von entscheidender Bedeutung, ob die rechtliche Elternschaft der Wunscheltern im Ausland durch ein Gerichtsurteil oder unmittelbar durch Gesetz begründet wurde.

a) Elternschaft kraft ausländischer Entscheidung

Ausländische Entscheidungen werden nach § 108 Abs. 1 FamFG grundsätzlich anerkannt. Ein Verstoß gegen den *ordre public*, der die Anerkennung ausnahmsweise ausschließen würde, liegt nach der Rechtsprechung des BGH nicht etwa deshalb vor, weil die zwingende Zuordnung zur Geburtsmutter im deutschen Recht Leihmutterschaften verhindern soll. Vielmehr hat der BGH zu Recht festgestellt, dass *nach* der Geburt eines Kindes dieses als eigener Rechtsträger in die Betrachtung einzubeziehen ist und generalpräventive Erwägungen eine Versagung der Anerkennung der nach ausländischem Recht bestehenden Elternschaft der Wunscheltern nicht rechtfertigen.[5] Sie sind jedenfalls dann auch in Deutschland als die rechtlichen Eltern anzuerkennen, wenn einer der Wunschelternteile – nicht aber die Leihmutter – genetisch mit dem Kind verbunden ist und die Leihmutter sowohl die Leihmutterschaftsvereinbarung freiwillig getroffen als auch das Kind nach der Geburt freiwillig herausgegeben hat.[6]

b) Elternschaft im Ausland kraft Gesetzes

Anders ist die Lage, wenn die rechtliche Elternschaft der Wunscheltern im Ausland *kraft Gesetzes* begründet wurde. Dann ist zunächst das auf die Abstammung anwendbare Recht zu bestimmen. Art. 19 Abs. 1 S. 1 EGBGB verweist für die Abstammung eines Kindes auf das Recht des Staates, in dem das Kind seinen gewöhnlichen Aufenthalt hat. Daraus ergibt sich folgende Differenzierung:

Beaumont (Hrsg.) International Surrogacy Arrangements, Oxford 2013; ausführlich auch *Brunet/ Carruthers/Davaki/King/Marzo/McCandless* A Comparative Study on the Regime of Surrogacy in EU Member States, Brüssel 2013; *Dethloff* Leihmutterschaft in rechtsvergleichender Perspektive, in: Ditzen/Weller (Hrsg.) Leihmutterschaft – Aktuelle Entwicklungen und interdisziplinäre Herausforderungen. Tagungsband zum Symposium am Marsilius-Kolleg Heidelberg, im Erscheinen; *Monéger* Gestation pour autrui: Surrogate Motherhood, Paris 2011.
5 *BGH* NJW 2015, 479, 482; siehe auch schon *Dethloff* Leihmütter, Wunscheltern und ihre Kinder, JZ 2014, 922, 926.
6 *BGH* NJW 2015, 479, 482 f.

Gelingt es den Wunscheltern, das Kind innerhalb weniger Monate nach der Geburt mit nach Deutschland zu bringen, liegt sein gewöhnlicher Aufenthalt in Deutschland.[7] Somit ist deutsches Recht anwendbar und es bleibt bei den allgemeinen abstammungsrechtlichen Grundsätzen: Die Leihmutter ist als Gebärende nach § 1591 BGB rechtliche Mutter. Vater ist gemäß § 1592 Nr. 1 bzw. Nr. 2 BGB der Mann, der zum Zeitpunkt der Geburt mit der Mutter verheiratet ist oder der die Vaterschaft anerkennt. Hat also die Leihmutter keinen Ehemann oder wurde die Vaterschaft ihres Ehemannes durch Anfechtung beseitigt, so kann der Wunschvater die rechtliche Vaterschaft durch Anerkennung erlangen. Die Wunschmutter kann das Kind anschließend im Wege der Stiefkindadoption annehmen, wenn zwischen den Wunscheltern eine Ehe besteht. Entsprechendes gilt bei Inanspruchnahme einer Leihmutter durch ein schwules Paar: Einer der beiden Wunschväter kann die Vaterschaft anerkennen und der andere Partner kann, soweit sie in einer Statusbeziehung leben, das (Stief-)Kind dann adoptieren.

Ist dagegen eine Anerkennung durch den oder einen Wunschvater aufgrund der bestehenden Vaterschaft des Ehemannes der Leihmutter nicht möglich, kommt nur eine *gemeinschaftliche* Adoption durch beide Wunscheltern in Betracht. Dies gilt auch dann, wenn es sich, wie in der Regel, um das genetische Kind eines der beiden Wunschelternteile handelt – und selbst dann, wenn *beide* mit dem Kind genetisch verbunden sind. Eine solche gemeinschaftliche Adoption steht wiederum zwar Eheleuten offen, aber nicht eingetragenen Lebenspartnern und auch nicht faktischen Partnern.[8]

Reist das von einer Leihmutter im Ausland geborene Kind hingegen – etwa wegen Schwierigkeiten bei der Erlangung der notwendigen Reisedokumente – zunächst nicht nach Deutschland ein, sondern bleibt noch längere Zeit im Geburtsland, wird ausländisches Recht angewendet, das die Wunscheltern als rechtliche Eltern ansieht. Ob ihre so begründete Elternstellung in Deutschland

---

7 So die Rechtsprechung; siehe *KG* IPRax 2014, 72, 76; *OLG Celle* StAZ 2011, 150, 151; *OLG Stuttgart* FamRZ 2012, 1740; für eine andere Auslegung des Kriteriums des gewöhnlichen Aufenthalts *Coester-Waltjen* Ausländische Leihmütter – Deutsche Wunscheltern, FF 2015, 186, 189; *Heiderhoff* Der gewöhnliche Aufenthalt von Säuglingen, IPRax 2012, 523, 525.
8 Krit. zur Verfassungsmäßigkeit des Ausschlusses der gemeinschaftlichen Adoption durch eingetragene Lebenspartner *Brosius-Gersdorf* Gleichstellung von Ehe und Lebenspartnerschaft, FamFR 2013, 169, 170; *Dethloff* Die gemeinschaftliche Adoption durch eingetragene Lebenspartner_innen: Die Sukzessivadoption reicht nicht! Gutachten für die Friedrich-Ebert-Stiftung, Berlin 2015, 21 ff.; *Maurer* Zum Recht gleichgeschlechtlicher Partner auf Adoption, FamRZ 2013, 752, 757; entscheiden sich gleichgeschlechtliche Partner für die Umwandlung ihrer eingetragenen Lebenspartnerschaft in eine Ehe, steht auch ihnen nun die gemeinschaftliche Adoption offen.

anzuerkennen ist, hat der BGH zwar bisher nicht entschieden. Es liegt aber nahe, hier gleichermaßen einen Verstoß gegen den *ordre public* zu verneinen.[9]

2. Defizite und Reformbedarf

Die geltende Rechtslage führt daher für Fälle, in denen der Elternstellung der Wunscheltern keine ausländische Gerichtsentscheidung zugrunde liegt, zu nicht gerechtfertigten Differenzierungen. Je nachdem, wo der gewöhnliche Aufenthalt des Kindes begründet wurde, werden die Wunscheltern entweder recht unproblematisch auch in Deutschland rechtliche Eltern oder sie müssen zur Erlangung der rechtlichen Elternschaft den Weg über die Adoption gehen.

Die Durchführung eines Adoptionsverfahrens erweist sich aber auch hier als entbehrlich und sogar nachteilig:[10] Das Entstehen eines Eltern-Kind-Verhältnisses ist unzweifelhaft, wenn die Wunscheltern das Kind unmittelbar nach der Geburt mit nach Deutschland nehmen und es fortan mit ihnen zusammenlebt. Handelt es sich bei den oder dem Annehmenden um die genetischen Eltern bzw. einen genetischen Elternteil, erscheint die Überprüfung desselben geradezu befremdlich. Die Kindeswohldienlichkeit ist ebenfalls zu bejahen, weil die rechtliche Absicherung der Beziehung zu beiden sozialen Elternteilen die Situation des Kindes stets verbessert. Dass durch die Adoption die rechtliche Verwandtschaft zur Leihmutter – die ohnehin nur aus der Sicht des deutschen Rechts besteht – beendet wird, steht der Kindeswohldienlichkeit nicht entgegen, weil der Leihmutter jede Bereitschaft zur Übernahme von Elternverantwortung fehlt. Da es bis zur Wirksamkeit des Adoptionsbeschlusses lange dauern oder die Adoption sogar scheitern kann, ist dieser Weg – nicht zuletzt unter Kindeswohlgesichtspunkten – auch unzureichend. Dies gilt vor allem dann, wenn der Wunschelternteil, der zur Erlangung der rechtlichen Elternschaft auf die Adoption angewiesen ist, zugleich genetischer Elternteil des Kindes ist.

In Leihmutterschaftsfällen sollte deshalb ebenfalls stärker auf das Prinzip der intentionalen Elternschaft abgestellt werden. Die Wunscheltern sind für die Entstehung des Kindes verantwortlich und wollen in aller Regel die Elternschaft übernehmen; die Leihmutter will dies demgegenüber meist nicht. Daher sollte den Wunscheltern unter bestimmten Voraussetzungen auch im deutschen Recht unmittelbar die rechtliche Elternschaft zugewiesen werden. Dies könnte durch

---

9 Dazu *Dethloff* Anmerkung zu *BGH*, Urt. v. 10.12.2014 – XII ZB 463/13, JZ 2016, 207, 210; dies andeutend auch *BGH* NJW 2016, 2322, 2327.
10 Zu entsprechenden Überlegungen bei der Annahme des Stiefkindes durch die Partnerin der Mutter oben unter II. 2. a).

eine vereinfachte Anerkennung der im Ausland nach dortigem Recht wirksam begründeten Elternstellung geschehen.[11] Eine Anerkennung sollte jedenfalls dann ohne weiteres erfolgen, wenn die Leihmutter sich freiwillig für das Austragen des Kindes entschieden und das Kind auch nach der Geburt freiwillig an die Wunscheltern herausgegeben hat. Zusätzlich wäre in Betracht zu ziehen, die Anerkennung davon abhängig zu machen, dass zumindest zu einem Wunschelternteil eine genetische Verbindung besteht und die Leihmutter nicht genetisch mit dem Kind verwandt ist.

Diese Voraussetzungen ließen sich in einem vereinfachten Verfahren überprüfen. Die freiwillige und wohlüberlegte Entscheidung der Leihmutter könnte durch das Erfordernis ihrer ausdrücklichen Zustimmung zur rechtlichen Elternschaft der Wunscheltern sichergestellt werden. Da die Leihmutter während der Schwangerschaft grundsätzlich eine enge körperliche und psychosoziale Verbindung zu dem Kind aufbaut, sollte eine solche Zustimmung erst eine gewisse Zeit nach der Geburt wirksam erklärt werden können.[12]

---

11 So bereits *Dethloff* Leihmütter, Wunscheltern und ihre Kinder, JZ 2014, 922, 931; zu dieser Möglichkeit auch *Duden* Leihmutterschaft im Internationalen Privat- und Verfahrensrecht, 2015, 326 ff., und *Helms* Rechtliche, biologische und soziale Elternschaft – Herausforderungen durch neue Familienformen. Gutachten F zum 71. Deutschen Juristentag, in: Verhandlungen des 71. DJT Essen 2016, Band I: Gutachten, 2016, F 56.

12 Für eine Überlegungsfrist schon *Dethloff* Was will der Staat? Mutterschaft als Regelungsaufgabe, in: Röthel/Heiderhoff (Hrsg.) Regelungsaufgabe Mutterstellung: Was kann, was darf, was will der Staat? 2016, 19, 28; *Schumann* Familienrechtliche Fragen der Fortpflanzungsmedizin im Lichte des Grundgesetzes, in: Rosenau (Hrsg.) Ein zeitgemäßes Fortpflanzungsmedizingesetz für Deutschland, 2012, 155, 198.

V. Fazit

Viele Menschen wünschen sich ein Leben mit Kindern. Dass dieser Wunsch zunehmend mittels assistierter Reproduktion verwirklicht wird, sei es von ungewollt kinderlosen Paaren verschiedenen Geschlechts oder auch gleichgeschlechtlichen Paaren, stellt eine gesellschaftliche Realität dar – ebenso wie die hieraus resultierende Fragmentierung der Elternschaft. Das Recht muss den Realitäten gespaltener genetischer bzw. biologischer und sozialer Vater- und Mutterschaft Rechnung tragen. Hier besteht erheblicher Reformbedarf. Die Frage der rechtlichen Elternschaft stellt sich bei jedem auf die Welt gekommenen Kind, und zwar unabhängig davon, ob dieses mithilfe einer im Inland zulässigen Methode gezeugt oder geboren wurde. Eine sachgerechte Regelung der rechtlichen Elternstellung ist deshalb auch für den Fall des Fortbestehens der geltenden Verbote der Eizellspende und der Leihmutterschaft im Inland zu treffen. Das geborene Kind ist ein eigener Rechtsträger und das Ziel, seine Geburt zu verhindern, darf keine Rolle für die Zuordnung zu seinen rechtlichen Eltern spielen. Auch das Recht des Kindes auf Kenntnis seiner Abstammung stellt kein primäres Regelungsziel der rechtlichen Elternschaft dar, da dieses Recht auf andere Weise, wie eine statusunabhängige Klärung, ebenfalls verwirklicht werden kann.

Ziel der Regelungen der Elternschaft muss es vielmehr sein, das Kind frühzeitig der Person bzw. den Personen zuzuordnen, die verlässlich und kontinuierlich für es sorgen werden. Bei natürlicher Zeugung sind dies grundsätzlich die genetischen Eltern, woraus die Anknüpfung an die Abstammung ihre Legitimation schöpft. Bei assistierter Fortpflanzung treten diejenigen Personen an ihre Stelle, die mit dem Willen zur Elternschaft die Zeugung des Kindes veranlasst haben. Nicht die Spender, sondern die Wunscheltern tragen die Verantwortung für die Existenz des Kindes. Zugleich bieten sie aber auch am ehesten die Gewähr für eine dauerhafte Übernahme der Sorge für das Kind. Damit entspricht eine unmittelbar mit der Geburt eintretende rechtliche Anerkennung und Absicherung ihrer sozialen Elternschaft nicht nur ihren Wünschen, sondern wahrt auch am besten das Wohl der mittels assistierter Reproduktion gezeugten Kinder. Es liegt in deren Interesse, wenn die Beziehung zu den Personen, die von Beginn an Elternverantwortung für sie übernehmen, rechtlich abgesichert wird. Dies gilt unabhängig von den Umständen ihrer Entstehung. Kinder, die mittels assistierter Fortpflanzung geboren wurden, dürfen nicht schlechter behandelt werden als natürlich gezeugte. Sie alle haben ein Recht auf eine sichere und beständige Zuordnung zu den Personen, die von Beginn an für sie sorgen.

https://doi.org/10.1515/9783110560770-005

Schriftenreihe der Juristischen Gesellschaft zu Berlin

www.ingramcontent.com/pod-product-compliance
Lightning Source LLC
Chambersburg PA
CBHW070411200326
41518CB00011B/2153